Tebwiina tabonibaiu

Te korokaraki iroun Ruiti Tumoa
Te korotaamnei iroun John Maynard Balinggao

Library For All Ltd.

E boutokaaki karaoan te boki aio i aan ana reitaki ae tamaaroa te Tautaeka ni Kiribati ma te Tautaeka n Aotiteeria rinanon te Bootaki n Reirei. E boboto te reitaki aio i aon katamaaroaan te reirei ibukiia ataein Kiribati ni kabane.

E boreetiaki te boki aio iroun te Library for All rinanon ana mwane ni buoka te Tautaeka n Aotiteeria.

Te Library for All bon te rabwata ae aki karekemwane mai Aotiteeria ao e boboto ana mwakuri i aon kataabangakan te ataibwai bwa e na kona n reke irouia aomata ni kabane. Noora libraryforall.org

Tebwiina tabonibaiu

E moan boreetiaki 2022
E moan boreetiaki te katootoo aio n 2022

E boreetiaki iroun Library For All Ltd
Meeri: info@libraryforall.org
URL: libraryforall.org

Te korotaamnei iroun John Maynard Balinggao

Atuun te boki Tebwiina tabonibaiu
Aran te tia korokaraki Tumoa, Ruiti
ISBN: 978-1-922910-62-2
SKU02414

Tebwiina tabonibaiu

Tebwiina tabonibaiu

Teuana

Uoua

Teniua

Aua

Nimaua

Onoua

Itiua

Waniua

Ruaiwa

Tebwiina

Ko kona ni kaboonganai titiraki aikai ni maroorooakina te boki aio ma am utuu, raoraom ao taan reirei.

Teraa ae ko reiakinna man te boki aio?

Kabwarabwaraa te boki aio.
E kaakamanga? E kakamaaku?
E kaunga? E kakaongoraa?

Teraa am namakin i mwiin warekan te boki aio?

Teraa maamaten nanom man te boki aei?

Rongorongon te tia korokaraki

E bungiaki Ruiti Tumoa i Tarawa ao e maamaeka ni kaawana ae Bikenibeu. E taatangirii aia boki ni karaki ataei. Ngke e uareereke, ao e rangi n taatangira te boki ni karaki ae atuuna 'The Little Mermaid'. E taatangiria ni kabanea ana tai ma ana utuu, ni kamaangngang ao n tebotebo i taari. E maamate naba nanona n te kuuka.

Ko kukurei n te boki aei?

Iai ara karaki aika a tia ni baarongaaki aika a kona n rineaki.

Ti mwakuri n ikarekebai ma taan korokaraki, taan kareirei, taan rabakau n te katei, te tautaeka ao ai rabwata aika aki irekereke ma te tautaeka n uarokoa kakukurein te wareware nakoia ataei n taabo ni kabane.

Ko ataia?

E rikirake ara ibuobuoki n te aonnaaba n itera aikai man irakin ana kouru te United Nations ibukin te Sustainable Development.

libraryforall.org